benno

NORBERT LAMMERT

Ich glaube an Gott

Die Grundgebete der Messe neu übersetzt

Mit Bildern von Günther Uecker
aus dem Andachtsraum des De

Mit einem Geleitwort von Karl Kardinal Lehmann

Inhaltsverzeichnis

Gebete als Zeugnisse des Glaubens im Wandel der Zeit

Geleitwort von Karl Kardinal Lehmann

Geprägte Gebete gehören wohl zu jeder Religion. Sie verbinden ihre Angehörigen durch die Zeiten miteinander und haben oft auch ein Echo bei Sympathisanten außerhalb ihrer Gemeinschaft.

Die christlichen Grundgebete, zum größten Teil versammelt in der Feier des Herrenmahles, stehen hier stellvertretend für diese Zeugnisse. Sie verweisen auf den hebräischen sowie den europäischen Kulturkreis, zu dem sie gehören und den sie maßgeblich formten.

Am Beispiel des christlichen Glaubensbekenntnisses wird durch den Rückgriff auf die lateinische Gestalt und die heutige unter den deutschsprachigen Christen vereinbarte Übersetzung aus dem Jahr 1970 die verbindliche Form dieser Grundgebete in Erinnerung gerufen, die ja besonders in der abendländischen Musik reichen Widerhall und immer neuen Ausdruck gefunden hat.

Zu allen Zeiten haben die Menschen aber auch für sich diese großen Gebetszeugnisse in ihrer eigenen Sprache und in ihrer Mentalität nachgesprochen. Norbert Lammert tut dies hier auf seine Weise, ohne deswegen zu der klassischen und zu der heute in den Kirchen verbindlichen Gestalt in Wettbewerb treten zu wollen. Er betet diese Worte in seinem Geist und aus seinem Herzen nach. Er bekennt in doppelter Weise den Glauben der Vorfahren, den er sich auch als persönliches Zeugnis zu eigen macht. Beides gehört zusammen. Gewiss haben solche Nachschöpfungen ihre Stärken und ihre Schwächen. Wir konnten dies auch schon bei dem Versuch von „Kurzformeln des Glaubens" in den letzten Jahrzehnten bemerken.

Ein solcher Versuch wird in diesem kleinen Buch vorgelegt mit Bildern des Künstlers Günther Uecker von der Ausgestaltung des Andachtsraumes für alle Religionen und Konfessionen im Gebäude des Deutschen Bundestags in Berlin. Ohne die je eigene Gestalt der einzelnen Religionen zu leugnen, gelingt dem Künstler im schöpferischen Dialog mit ihnen die eindringliche Wiedergabe gemeinsamer Elemente: das reinigende Wasser am Eingang, der wuchtige Granitaltar, die unübersehbaren Kreuze, die an Leid und Leiden der Menschen erinnern. Das meist indirekte Licht lädt zu Einkehr und Besinnung ein. Die sieben Holzbildtafeln, die nicht fest an der Wand, sondern frei stehen, mahnen die Unbehaustheit des Menschen an. Eine Kante im Boden zeigt die Richtung nach Mekka an. Seit den ersten Morgenandachten zu Beginn unserer Republik 1949 im Bonner Bundestag hat sich das konkrete Spektrum der Religionen in unserem Land gewandelt.

Wir bleiben als Christen unseren eigenen Überzeugungen treu, müssen sie freilich immer wieder für unser eigenes Leben vertiefen, finden so aber auch mit den Menschen anderer Religionen vieles Gemeinsame, was uns die bleibenden Unterschiede mit Respekt und Toleranz verstehen und leben lässt.

Mainz, 20. Juli 2011

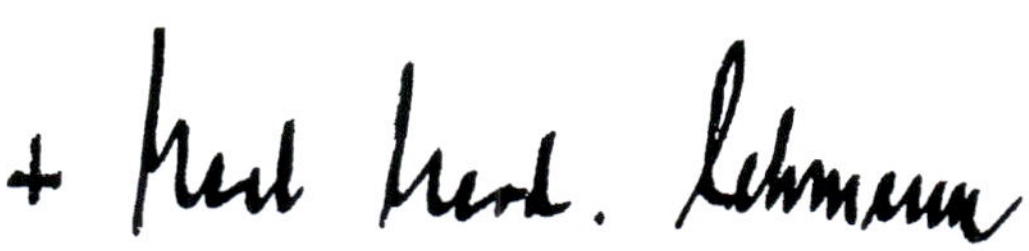

Karl Kardinal Lehmann
Bischof von Mainz

Es war und ist meine Überzeugung, dass jede Theologie in dem Sinn konservativ zu sein hat, dass sie die apostolische Überlieferung, so wie sie durch die Geschichte hindurch in der Kirche weitergegeben wurde, zu bewahren und lebendig zu entfalten hat. Bewahren kann man die Überlieferung freilich nicht dadurch, dass man sie in steinerne Formeln meißelt, einfach wiederholt und neu einschärft, sondern nur dadurch, dass man den überlieferten Glauben lebendig weitergibt, ihn in neue Fragestellungen hinein übersetzt und ihn auf Zukunft hin weitertradiert.

Walter Kardinal Kasper

1. Kyrie

Erbarmen

Kýrie, eléison.	Herr, erbarme dich.
Christe, eléison.	Christus, erbarme dich.
Kýrie, eléison.	Herr, erbarme dich.

Erbarme dich, Herr,
denn die Menschen
sind schwach.

Christus erbarme dich
der Menschen,
die sich stark fühlen.

Herr, erbarme dich
unser.

Erbarme dich, Herr,
denn die Menschen sind schwach.

Christus, erbarme dich der Menschen,
die sich stark fühlen.

Herr, erbarme dich unser!

2. Gloria

Ehre

Glória in excélsis Deo	Ehre sei Gott in der Höhe
et in terra pax homínibus bonæ voluntátis.	und Friede auf Erden den Menschen seiner Gnade.
Laudámus te,	Wir loben dich,
benedícimus te,	wir preisen dich,
adorámus te,	wir beten dich an,
glorificámus te,	wir rühmen dich
grátias ágimus tibi	und danken dir,
propter magnam glóriam tuam,	denn groß ist deine Herrlichkeit:
Dómine Deus, Rex cæléstis,	Herr und Gott, König des Himmels,
Deus pater omnípotens.	Gott und Vater, Herrscher über das All,
Dómine Fili Unigénite, Iesu Christe,	Herr, eingeborener Sohn, Jesus Christus.
Dómine Deus, Agnus Dei, Fílius Patris,	Herr und Gott, Lamm Gottes, Sohn des Vaters,
qui tollis peccáta mundi,	du nimmst hinweg die Sünde der Welt:
miserére nobis;	erbarme dich unser;
qui tollis peccáta mundi,	du nimmst hinweg die Sünde der Welt:
súscipe deprecatiónem nostram.	nimm an unser Gebet;
Qui sedes ad déxteram Patris,	du sitzest zur Rechten des Vaters:
miserére nobis.	erbarme dich unser.
Quóniam tu solus Sanctus,	Denn du allein bist der Heilige,
tu solus Dóminus,	du allein der Herr,
tu solus Altíssimus,	du allein der Höchste:
Iesu Christe,	Jesus Christus,
cum Sancto Spíritu	mit dem Heiligen Geist,
in glória Dei Patris.	zur Ehre Gottes des Vaters.
Amen.	Amen.

Ehre sei Gott im Himmel
Und auf Erden Frieden
den Menschen guten Willens.

Wir loben und wir preisen
dich.

Wir beten dich an,
wir rühmen dich
und danken dir,
denn groß bist du und
herrlich ist dein Name.

Herr und Gott,
König des Himmels,
Herrscher über das All,
du bist unser Vater
und Jesus Christus
dein Sohn,
Gott und Mensch,
du hast das Elend der Welt
auf dich genommen
und unsere Sünden getilgt,
weil du Erbarmen
mit uns hast.
Nimm unsere Gebete an.

Du sitzt zur Rechten
des Vaters,
denn du allein bist heilig,
du allein der höchste
aller Herrscher,
Jesus Christus mit dem
Geist, der uns heilig macht,
zur Ehre Gottes,
unseres Vaters!

Amen.

Ehre sei Gott im Himmel
und auf Erden Frieden den Menschen guten Willens.

Wir loben und wir preisen dich.
Wir beten dich an, wir rühmen dich und danken dir,
denn groß bist du und herrlich ist dein Name.

Herr und Gott, König des Himmels,
Herrscher über das All,
Du bist unser Vater
und Jesus Christus dein Sohn,
Gott und Mensch.
Du hast das Elend der Welt auf Dich genommen
und unsere Sünden getilgt,
weil Du Erbarmen mit uns hast.
Nimm unsere Gebete an!

Du sitzest zur Rechten des Vaters,
denn Du allein bist heilig,
Du allein der höchste aller Herrscher,
Jesus Christus
mit dem Geist, der uns heilig macht,
zur Ehre Gottes, unseres Vaters.

Amen.

3. Credo

glaube

Credo in unum Deum,	Ich glaube an Gott,
Patrem omnipoténtem,	den Vater, den Allmächtigen,
Creatórem cæli et terræ.	den Schöpfer des Himmels und der Erde,
et in Iesum Christum,	und an Jesus Christus,
Filium eius únicum, Dóminum nostrum,	seinen eingeborenen Sohn, unsern Herrn,
qui concéptus est de Spíritu Sancto,	empfangen durch den Heiligen Geist,
natus ex María Vírgine,	geboren von der Jungfrau Maria,
passus sub Póntio Piláto,	gelitten unter Pontius Pilatus,
crucifixus, mórtuus, et sepúltus,	gekreuzigt, gestorben und begraben,
descéndit ad ínferos:	hinabgestiegen in das Reich des Todes,
tértia die resurréxit a mórtuis,	am dritten Tage auferstanden von den Toten,
ascéndit ad cælos,	aufgefahren in den Himmel;
sedet ad déxteram	er sitzt zur Rechten Gottes,
Dei Patris omnipoténtis,	des allmächtigen Vaters;
inde ventúrus est	von dort wird er kommen,
iudicáre vivos et mórtuos.	zu richten die Lebenden und die Toten.
Credo in Spíritum Sanctum,	Ich glaube an den Heiligen Geist,
sanctam Ecclésiam cathólicam,	die heilige katholische Kirche,
sanctórum communiónem,	Gemeinschaft der Heiligen,
remissiónem peccatórum,	Vergebung der Sünden,
carnis resurrectiónem,	Auferstehung der Toten
vitam ætérnam.	und das ewige Leben.
Amen.	Amen.

Ich glaube an Gott
unseren Vater im Himmel,
dem wir alles verdanken,
was wir sind
und was wir haben.

Und an Jesus Christus,
seinen Sohn, unseren Bruder,
der als Mensch in diese Welt
geboren unter uns gelebt,
gewirkt und gelitten hat.
Verkannt, verfolgt und
verurteilt zum Tode
ist er gestorben
und auferstanden,
für immer unser Heil
und unsere Hoffnung.

Und an den Heiligen Geist,
der uns lebendig macht
und uns befähigt,
zu erkennen und zu tun,
was wir können und
was wir sollen.

Ich glaube an die eine,
auf Christus gegründete
Kirche,
die Trennendes überwinden,
die ganze Welt umspannen
und verändern soll.

Und an die Gemeinschaft
der Heiligen,
die seine Botschaft
verstanden und seine
Nachfolge auf sich
genommen haben.

Ich glaube an das Leben
nach dem Tode,
das unsere Vorstellungskraft
übersteigt,
den neuen Himmel
und die neue Erde,
in der sich unser Glaube,
unsere Hoffnung und
unsere Liebe erfüllen.

Amen.

Ich glaube an Gott,
unseren Vater im Himmel,
dem wir alles verdanken,
was wir sind und was wir haben.

Und an Jesus Christus,
seinen Sohn, unseren Bruder,
der als Mensch in diese Welt geboren
unter uns gelebt, gewirkt und gelitten hat.
Verkannt, verfolgt und verurteilt zum Tode
ist er gestorben und auferstanden,
für immer unser Heil und unsere Hoffnung.

Und an den Heiligen Geist,
der uns lebendig macht
und uns befähigt, zu erkennen und zu tun,
was wir können und was wir sollen.

Ich glaube an die eine, auf Christus gegründete Kirche,
die Trennendes überwinden,
die ganze Welt umspannen und verändern soll.

Und an die Gemeinschaft der Heiligen,
die seine Botschaft verstanden
und seine Nachfolge auf sich genommen haben.

Ich glaube an das Leben nach dem Tode,
das unsere Vorstellungskraft übersteigt,
den neuen Himmel und die neue Erde,
in der sich unser Glaube, unsere Hoffnung
und unsere Liebe erfüllen.
Amen.

4. Sanctus

Anbetung

Sanctus, Sanctus, Sanctus	Heilig, heilig, heilig
Dóminus Deus Sábaoth.	Gott, Herr aller Mächte und Gewalten.
Pleni sunt cæli et terra	Erfüllt sind Himmel und Erde
glória tua.	von deiner Herrlichkeit.
Hosánna in excélsis.	Hosanna in der Höhe.
Benedíctus qui venit	Hochgelobt sei, der da kommt
in nómine Dómini.	im Namen des Herrn.
Hosánna in excélsis.	Hosanna in der Höhe.

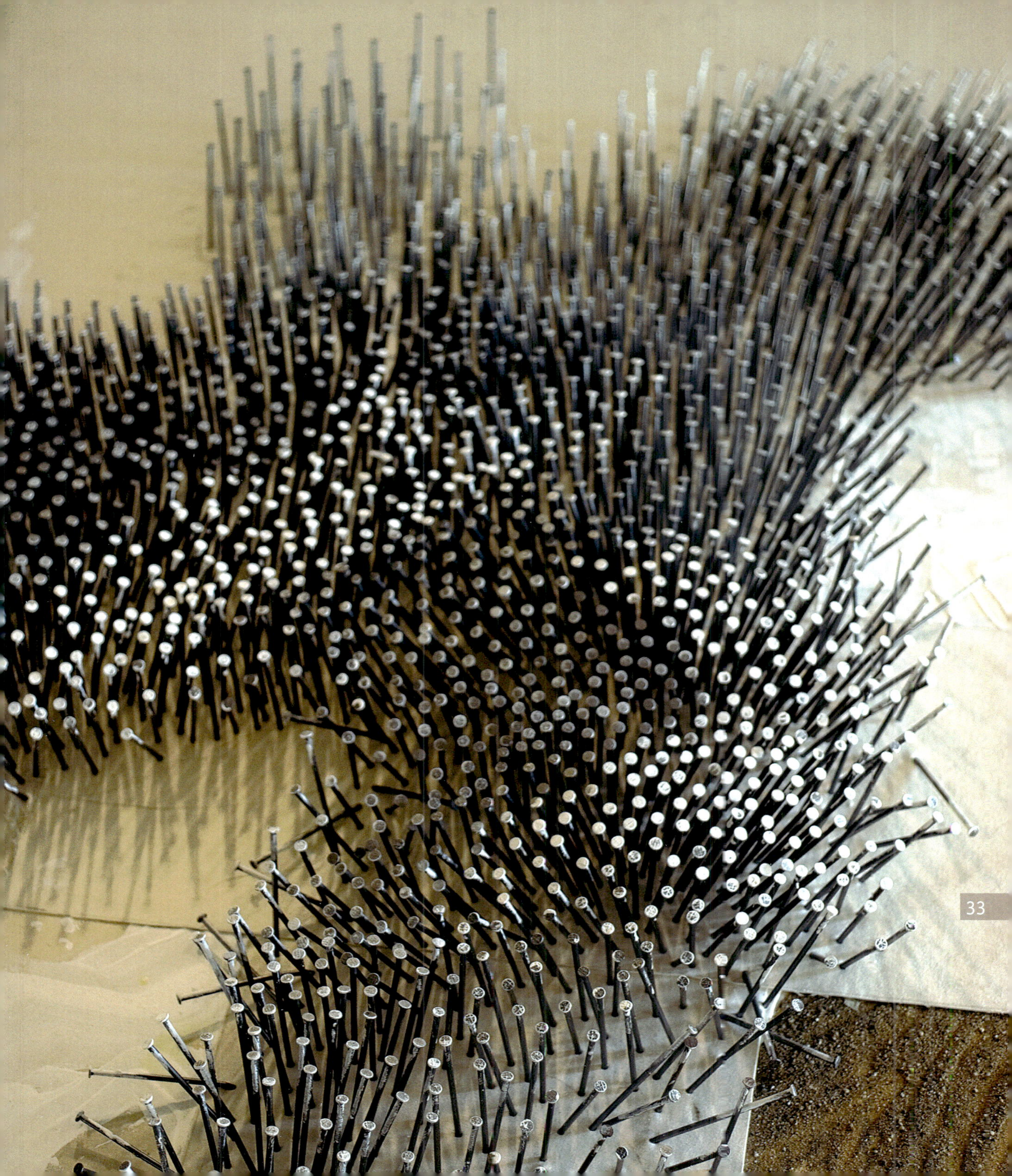

Heilig bist du, Gott.
Dein Ruf erfüllt
den Erdkreis.
Ehre sei Gott
auf Erden wie im
Himmel und gelobt
sei, der kommt
im Namen des Herrn.

Heilig bist du, Gott.
Dein Ruf erfüllt den Erdkreis.
Ehre sei Gott
auf Erden wie im Himmel
und gelobt sei,
der kommt im Namen des Herrn!

5. Pater noster

unser Vater

Pater noster, qui es in cælis:	Vater unser im Himmel,
sanctificétur nomen tuum;	geheiligt werde dein Name.
advéniat regnum tuum;	Dein Reich komme.
fiat volúntas tua,	Dein Wille geschehe,
sicut in cælo, et in terra.	wie im Himmel, so auf Erden.
Panem nostrum cotidiánum	Unser tägliches Brot
da nobis hódie;	gib uns heute.
et dimítte nobis débita nostra,	Und vergib uns unsere Schuld,
sicut et nos dimíttimus	wie auch wir vergeben
debitóribus nostris;	unsern Schuldigern.
et ne nos indúcas in tentatiónem.	Und führe uns nicht in Versuchung,
sed líbera nos a malo.	sondern erlöse uns von dem Bösen.
Amen.	Amen.

Unser Vater im Himmel,
groß ist dein Name
und heilig.
Dein Reich kommt,
wenn dein Wille geschieht,
auch auf Erden.

Gib uns das, was wir brauchen.
Vergib uns, wenn wir Böses
tun und Gutes unterlassen
sowie auch wir denen Verzeihen
wollen, die an uns schuldig
geworden sind.

Gib uns Kraft,
wenn wir schwach sind.
Und mach uns frei,
wenn es Zeit ist,
von den Übeln dieser Welt.

Amen.

Unser Vater im Himmel,
groß ist dein Name und heilig.
Dein Reich kommt,
wenn dein Wille geschieht,
auch auf Erden.

Gib uns das, was wir brauchen.
Vergib uns, wenn wir Böses tun
und Gutes unterlassen,
sowie auch wir denen verzeihen wollen,
die an uns schuldig geworden sind.

Gib uns Kraft, wenn wir schwach sind.
Und mach uns frei, wenn es Zeit ist,
von den Übeln dieser Welt.

Amen.

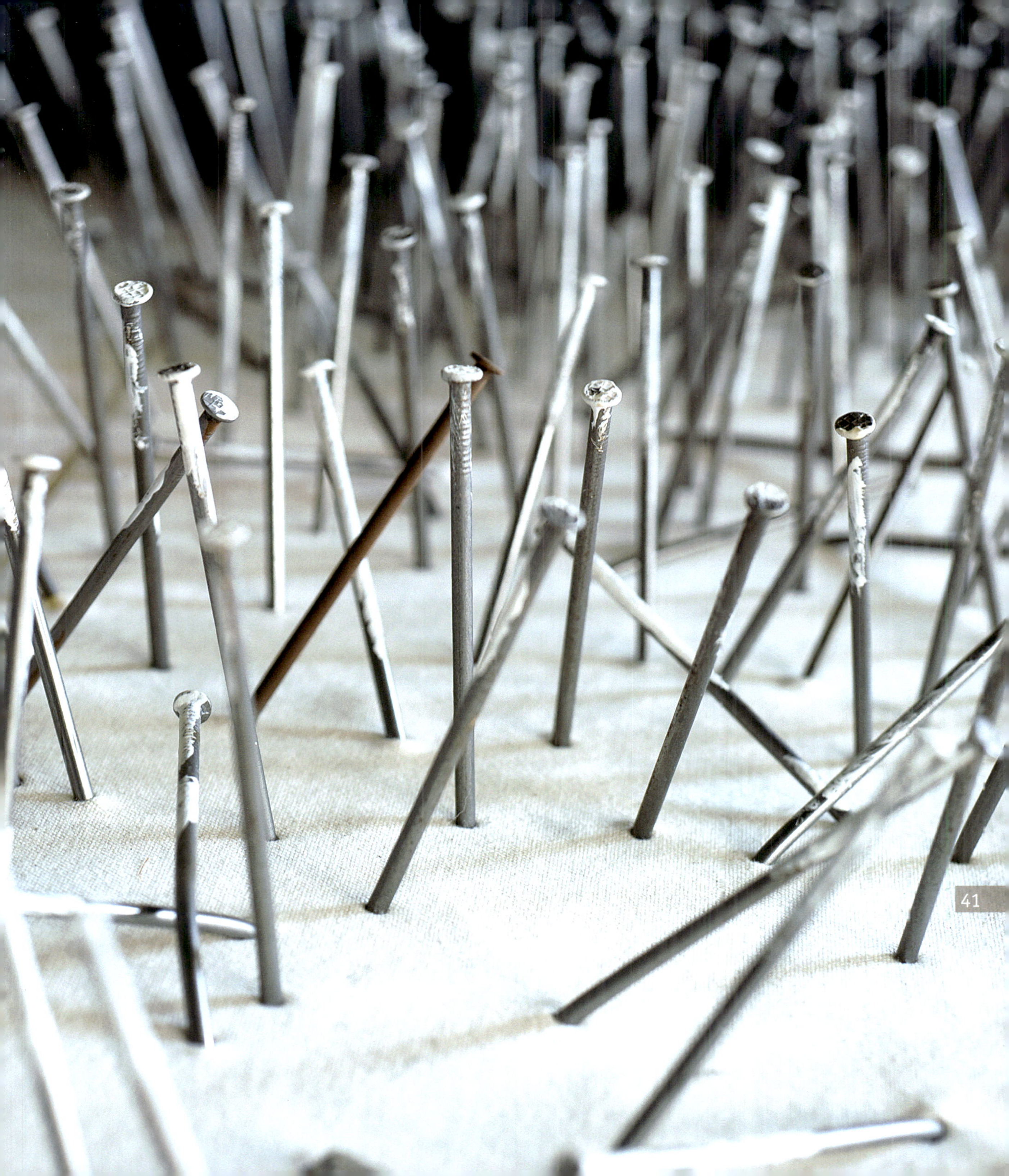

6. Agnus Dei

Friede

Agnus Dei, qui tollis peccáta mundi: miserére nobis.	Lamm Gottes, du nimmst hinweg die Sünde der Welt: erbarme dich unser.
Agnus Dei, qui tollis peccáta mundi: miserére nobis.	Lamm Gottes, du nimmst hinweg die Sünde der Welt: erbarme dich unser.
Agnus Dei, qui tollis peccáta mundi: dona nobis pacem.	Lamm Gottes, du nimmst hinweg die Sünde der Welt: gib uns deinen Frieden.

Christus, Gottessohn
du hast die Schuld
der Welt auf dich genommen,
erhalte uns dein Erbarmen!
Jesus, Menschensohn
du hast unter uns gelebt
und gelitten,
mache uns bereit
zur Versöhnung.
Herr, Gott, Schöpfer der Welt
du bist Anfang und Ende
alles Lebens,
gib uns deinen Frieden.

Christus, Gottessohn,
Du hast die Schuld der Welt auf dich genommen,
erhalte uns dein Erbarmen!

Jesus, Menschensohn,
Du hast unter uns gelebt und gelitten,
mache uns bereit zur Versöhnung!

Herr, Gott, Schöpfer der Welt,
Du bist Anfang und Ende alles Lebens,
gib uns deinen Frieden!

Inhaltlich habe ich so etwas wie eine Wüste hergestellt, realiter Sand auf diese Tafeln geschichtet und diese Sandflächen von hinten mit Steinen durchtrieben, die von Eisenbahnstrecken genommen sind. Diese Steine sind mit der Hand geschlagen, früher von Steinschlägern, später auch von Fremdarbeitern und sicher auch von Lagerarbeitern. Ich treibe sie durch die Platten und die Sandflächen hindurch in den Innenraum. So wird die Wüste, die wir immer als reinen Ort der ursprünglichen Vision ansehen, hier denunziert. Ich kenne Wüsten, die sehr roh und eigentlich peinvoll sind.

Günther Uecker

Die Tafeln sind für mich Schmerzstellen. Wenn man sich vergegenwärtigt, dass es auf der Schädelstelle viele Pfähle gab, und Menschen, die ihr Querholz dorthin geschleppt hatten, dort angenagelt und gekreuzigt wurden, wie – unschuldig – auch Jesus, so habe ich dieses Geschehen als nicht darstellbar ausgelassen.

Günther Uecker

Die Tafeln sind wie Gesetzestafeln auf den Boden gestellt, auch in ihrer Vorläufigkeit. Man kann sagen, abgehängt oder noch nicht aufgehängt; sie befinden sich sozusagen in einem Zwischenstadium bezogen auf den Gedanken, dass Bildhaftigkeit ein Gebot oder Verbot sein kann. Es besteht ein Zwischenraum, ein „between" dieser gedanklichen Verwendung von Bildern in liturgischen Vorgängen.

Günther Uecker

Die Zeit erstarrt und der Mensch vergeht. Die Tafeln realisieren die Zurückkehr in die Materie, auch in die entfigurierte Materie. Materie, wie man sie auch in der Hölle meint, wenn man sagt, die Aufgabe ist unerfüllt geblieben, ein Geistwesen zu sein und die Schöpfung zu vergegenwärtigen. Wer diese Bestimmung nicht erfüllt, der fällt wahrscheinlich in die Materie zurück.

Günther Uecker

Über den Andachtsraum im Deutschen Bundestag

Politik hat nicht nur mit Macht und mit Mehrheiten zu tun, sondern mit der „Verantwortung vor Gott und den Menschen". Dies ist die gemeinsame Grundlage auch der parlamentarischen Arbeit über Parteien und Fraktionen hinweg.
Deshalb ist es wichtig, dass es hier im Reichstagsgebäude nicht nur Sitzungssäle, sondern auch einen Raum gibt, der frei ist vom Streit der unterschiedlichen politischen Interessen.

Dieser Andachtsraum, den Günther Uecker gestaltet hat, ist mehr als eine „neutrale Zone" inmitten des politischen Alltags.
Sieben Bildtafeln zeigen symbolisch Erfahrungen menschlicher Existenz: Symbole von Wüste, Tod und Auferstehung erinnern den Besucher daran, dass all unsere Handlungen und Entscheidungen nur Momentaufnahmen einer Geschichte sind, deren Anfang und Ende nicht in unserer Hand liegen.
Das gilt auch für das Licht, das indirekt, aber unübersehbar in den Raum fällt; es war zu allen Zeiten Symbol für eine höhere Macht.

Der Mensch relativiert sich in diesem Raum selbst und wird zurückgeführt auf das Wesentliche, das Eigentliche, den Sinn seines Daseins: Die Welt ein wenig menschlicher zu machen.

Zentrum des Raums ist ein schlichter Altar. Denn nicht nur als Christen kommen Politiker und ihre Mitarbeiter in diesen Raum, sondern auch als Juden und Moslems, auch als solche, die sich nicht als Gläubige bezeichnen.

Wir haben auch in Deutschland erlebt, wie wichtig das Miteinander der Religionen ist. Auch die Religionen stellen den Menschen und sein „Heil" in ihren Mittelpunkt, die Politik das „Gemeinwohl". In diesem Ziel berühren sich Politik und Religion, und dieser Raum neben dem Plenarsaal, der Andachtsraum im Reichstagsgebäude, soll das zum Ausdruck bringen.

Ein Ort der Stille, der Meditation, der Andacht, des Bewusstseins unserer Verantwortung vor Gott und den Menschen.

Norbert Lammert

Bibliografische Information der Deutschen Nationalbibliothek
Die Deutsche Nationalbibliothek verzeichnet diese Publikation in der Deutschen Nationalbibliografie; detaillierte bibliografische Daten sind im Internet über http://dnb.d-nb.de abrufbar.

Die handschriftliche Version der Gebete ist von Günther Uecker.

Alle Abbildungen der Kunstwerke von Günther Uecker
wurden uns freundlicherweise zur Verfügung gestellt von:
© studio kohlmeier berlin

Seite 61: Foto © Henning Lüders/Konrad-Adenauer-Stiftung, Berlin

Seite 11: Walter Kardinal Kasper, „Es war und ist meine Überzeugung ...", aus: Ders., Katholische Kirche, Wesen – Wirklichkeit – Sendung © Verlag Herder GmbH, Freiburg im Breisgau, 2. Auflage 2011, S. 30.

Seite 51, 53, 57, 59: Günther Uecker, Thomas Baltrock im Interview mit Günther Uecker, in „Kunst und Geschichte", Ausgabe 3/1999 (Auszug).

Die Ständige Kommission für die Herausgabe der gemeinsamen liturgischen Bücher im deutschen Sprachgebiet erteilte für die aus diesen Büchern entnommenen Texte die Abdruckerlaubnis.

Besuchen Sie uns im Internet:
www.st-benno.de

ISBN 978-3-7462-3155-6

Stammerstr. 11, 04159 Leipzig
Umschlag: Ulrike Vetter, Leipzig
Gesamtherstellung: Arnold & Domnick, Leipzig (A)